AF312723

COLLECTION DE M. G***

TABLEAUX

ET

DESSINS MODERNES

EXPOSITION

Le Jeudi 8 Février 1866

VENTE

Les Vendredi 9 et Samedi 10 Février 1866

A DEUX HEURES PRÉCISES.

M^e Ch. PILLET, Commissaire-Priseur

M. Francis PETIT, Expert

PARIS. — IMPRIMERIE PILLET FILS AINÉ
5, RUE DES GRANDS-AUGUSTINS

CATALOGUE

de

TABLEAUX

ET

DESSINS MODERNES

Composant la collection de **M. G*****

DONT LA VENTE AURA LIEU

HOTEL DROUOT, SALLE N° 7

Les Vendredi 9 et Samedi 10 Février 1866

A DEUX HEURES PRÉCISES

———

Par le ministère de Me **CHARLES PILLET**, Commissaire-Priseur,
rue de Choiseul, 11,

Assisté de M. Francis **PETIT**, Expert, rue de Provence, 43;

———

EXPOSITION PUBLIQUE

Le Jeudi 8 Février 1866, de une heure à cinq heures.

CONDITIONS DE LA VENTE

Elle sera faite au comptant.

Les adjudicataires payeront *cinq pour cent* en sus des enchères.

Paris. — Imprimerie de Pillet fils aîné, rue des Grands-Augustins, 5.

TABLEAUX

BARON

1 — La Branche de figuier.

Haut. 48 cent.; larg. 39 cent.

BEAUME

2 — Le Jour de lessive.

Haut. 41 cent.; larg. 32 cent.

BEAUMONT (Ed. DE)

3 — Sentinelle, prenez garde à vous!

Haut. 33 cent.; larg. 25 cent.

BELLANGE (H.)

4 — Le Jour de barbe.

Haut. 33 cent.; larg. 42 cent.

BILLOU

5 — Paysage avec figures.

Haut. 35 cent.; larg. 37 cent.

BORNSCHLEGEL

6 — Jeune femme cousant.

Haut. 32 cent.; larg. 24 cent.

BOULARD

7 — Le Coin de feu.

Haut. 40 cent.; larg. 32 cent.

BRASCASSAT

8 — Paysage d'Italie.

Haut. 38 cent.; larg. 20 cent.

BRENDEL

9 — Vache et Moutons au pâturage.

Haut. 34 cent.; larg. 26 cent.

BROUNE (John Levis)

10 — La Route du marché.

Haut. 60 cent.; larg. 50 cent.

CALAME

11 — Huit études; vues diverses.

CAROLUS

12 — Les Conseils.

Haut. 68 cent.; larg. 54 cent.

13 — Prends garde de le réveiller!

Haut. 68 cent.; larg. 54 cent.

CARON (Pauline)

14 — Le Livre d'images.

Haut. 24 cent.; larg. 18 cent.

CAVARO

15 — Les trois Marie.

Haut. 96 cent.; larg. 1 mèt. 32 cent.

CHAPLIN

16 — Petite Communiante.

Haut. 16 cent.; larg. 13 cent.

COROT

17 — Paysage.

Haut. 25 cent.; larg. 50 cent.

COUDER (ALEXANDRE)

18 — Melons et fruits.

Haut. 48 cent.; larg. 56 cent.

19 — Roses trémières, Pêche et Raisins,

Haut. 47 cent.; larg. 38 cent.

20 — Fleurs et Fruits sur un banc de pierre.

Haut. 36 cent.; larg. 29 cent.

21 — Intérieur de cuisine.

Haut. 37 cent.; larg. 46 cent.

22 — Le Trio interrompu.

Haut. 47 cent.; larg. 38 cent.

23 — Jeune femme à sa toilette.

Haut. 25 cent.; larg. 18 cent.

COUTURIER

24 — Poule et Canards.

Haut. 8 cent; larg. 12 cent.

25 — Coq et Poules.

Haut. 8 cent.; larg. 12 cent.

COUVELEY

26 — Ruines en Orient.

Haut. 55 cent,; larg. 90 cent.

CUNÉUS

27 — Chiens, après une Chasse.

Haut. 38 cent.; larg. 48 cent.

CULVERHOUSE

28 — L'oiseau échappé de sa cage.

Haut. 46 cent.; larg. 38 cent.

29 — Jeune femme à sa toilette.

Haut. 24 cent.; larg. 18 cent.

30 — Une Mère et son Enfant.

Haut. 24 cent.; larg. 18 cent.

31 — Un Marché la nuit.

Haut. 63 cent.; larg. 52 cent.

32 — Soldat dans une hotellerie.

Haut. 42 cent.; larg. 35 cent.

33 — Jeune femme donnant à manger à un perroquet.

Haut. 24 cent.; larg. 18 cent.

34 — La Correspondance.

Haut. 24 cent.; larg. 18 cent.

DARJOU

35 — Course bretonne.

Haut. 27 cent.; larg. 39 cent.

DIAZ

36 — Le Petit fauconnier.

Haut. 50 cent.; larg. 32 cent.

37 — Clairière dans une forêt.

Haut. 44 cent.; larg. 6 5cent.

38 — Etude de forêt.

Haut. 21 cent.; larg. 31 cent.

DREUX (ALFRED DE)

39 — Le Pansage. après la course.

Haut. 28 cent.; larg. 40 cent.

DORCY

40 — Tête de jeune fille, une gaze autour du cou.

Haut. 28 cent.; larg. 21 cent.

41 — Tête de jeune fille.

Haut. 20 cent.; larg. 16 cent.

42 — Jeune fille coiffée d'un voile blanc.

Haut. 12 cent.; larg. 11 cent.

DORSCHWILLERS

43 — Le Saut de la haie.

Haut. 27 cent.; larg. 39 cent.

DUMAX

44 — Halte au désert.

Haut. 37 cent.; larg. 68 cent.

DUVIEUX

45 — Groupe de fleurs.

Haut. 73 cent.; larg. 90 cent.

46 — Groupe de fleurs.

Haut. 73 cent.; larg. 90 cent.

47 — Fleurs et perroquet : projet de plafond.

Haut. 81 cent.; larg. 66 cent.

48 — Fleurs et tourterelles; projet de plafond.

Haut. 81 cent.; larg. 66 cent

49 — Branche de fleurs.

Haut. 56 cent.; larg. 47 cent.

50 — Le Bosphore et la mosquée de Sainte-Sophie; effet du soir.

Haut. 17 cent.; larg. 28 cent.

51 — Souvenir de Constantinophe; effet de lune.

Haut. 17 cent.; larg. 28 cent.

52 — Constantinople le soir.

Haut. 17 cent.; larg. 28 cent.

53 — Chariot traîné par des bœufs.

Haut. 17 cent.; larg. 28 cent.

54 — L'Église Saint-Marc et le palais des doges.

Haut. 17 cent.; larg. 28 cent.

55 — La Promenade en gondole; effet du soir.

Haut. 17 cent.; larg. 28 cent.

56 — Palais au bord du Bosphore.

Haut. 17 cent.; larg. 28 cent.

57 — Environs de Constantinople.

Haut. 17 cent.; larg. 28 cent.

58 — Maison à Venise.

Haut. 17 cent.; larg. 28 cent.

59 — Le Palais des doges.

Haut. 19 cent.; larg. 37 cent.

60 — Près Venise.

Haut. 17 cent.; larg. 28 cent.

61 — La Douane à Venise.

Haut. 13 cent.; larg. 22 cent.

62 — Le Palais des Doges.

Haut. 13 cent'; larg. 22 cent.

63 — Le quai des Esclavons et la place Saint-Marc.

Haut. 18 cent.; larg. 37 cent.

64 — Marine, côtes d'Italie.

Haut. 17 cent.; larg. 27 cent.

65 — Mosquée au bord de l'eau.

Haut. 13 cent.; larg. 22 cent.

FAUVELET

66 — La Lecture de la bible.

Haut. 47 cent.; larg. 40 cent.

67 — Après déjeuner.

Haut. 39 cent.; larg. 47 cent.

68 — Une partie de cartes.

Haut. 23 cent.; larg. 29 cent.

69 — Un fumeur attablé.

Haut. 20 cent.; larg. 15 cent.

70 — Mousquetaire sous Louis XIII.

Haut. 20 cent.; larg. 15 cent.

71 — Gentilhomme sous Louis XIII.

Haut. 20 cent.; larg. 15 cent.

72 — Intérieur d'un atelier de peintre.

Haut. 29 cent.; larg. 23 cent.

FICHEL

73 — Jeune femme interrompant sa toilette pour jouer avec un perroquet.

Haut. 14 cent.; larg. 10 cent.

FRÈRE (Théodore)

74 — Une rue au Caire.

Haut. 50 cent.; larg. 38 cent.

75 — Environs de Siout, haute Egypte.

Haut. 25 cent.; larg. 41 cent.

76 — Un village au bord du Nil.

Haut. 25 cent.; larg. 41 cent.

77 — Vue d'Orient.

Haut. 25 cent.; larg. 41 cent.

GIRARDET (Karl)

78 — Lac de Brientz.

Haut. 34 cent.; larg. 55 cent.

GUICHARD

79 — Le Printemps.

Haut. 32 cent.; larg. 24 cent.

80 — Nymphe endormie.

Haut. 32 cent.; larg. 24 cent.

GUDIN

81 — Marine, effet d'orage.

Haut. 24 cent.; larg. 38 cent.

GUILLEMIN

82 — Retour de la chasse à l'ours.

Haut 60 cent.; larg. 49 cent.

HAMMAN

83 — Le Départ ; scène vénitienne.

Haut. 62 cent.; larg. 50 cent.

HOURY (Charles)

84 — Cheval et palefrenier.

Haut. 40 cent.; larg. 32 cent.

85 — Le cheval du fermier.

Haut. 40 cent.; larg. 32 cent.

HUBER

86 — Vaches au pâturage.

Haut. 35 cent.; larg. 25 cent.

ISABEY (Eugène)

87 — La Mauvaise nouvelle.

Haut. 55 cent.; larg. 42 cent.

88 — Bassin d'un port à marée basse.

Haut. 23 cent.; larg. 19 cent.

JACQUE (Ch.)

89 — Troupeau de moutons en plaine.

Haut. 54 cent.; larg. 75 cent.

90 — Moutons broutant.

Haut. 26 cent.; larg. 31 cent.

91 — Poules près d'un puits dans une cour.

Haut. 12 cent.; larg. 21 cent

92 — Troupeau de moutons et poules dans une cour de ferme.

Haut. 9 cent.; larg. 18 cent.

LASSALLE (Camille)

93 — Marchande de volaille.

Haut. 39 cent.; larg. 32 cent.

94 — Marchande de légumes.

Haut. 39 cent.; larg. 3 ent.

LEMMENS

95 — Coqs et poules dans un basse cour.

Haut. 35 cent.; larg. 56 cent.

LENFANT (de Metz)

96 — Le Déjeuner.

97 — La Lecture.

98 — Les Curieuses.

99 — Le Déjeuner de l'Enfant.

LEPOITTEVIN

100 — Pêcheurs sur la plage.

Haut. 63 cent.; larg. 38 cent.

LERAY

101 — Le Vieux galant mystifié.

Hua. 1 m. 15 cent.; larg. 89 cent.

102 — Gentilhomme et soubrette.

Haut. 34 cent.; larg. 26 cent.

LÉVY

103 — Petite fille italienne.

Haut. 40 cent.; larg. 26 cent.

MAROHN

104 — Patineurs.

Haut. 54 cent.; larg. 82 cent.

105 — Herbagère.

Haut. 35 cent.; larg. 27 cent.

106 — Chevrière.

Haut. 35 cent.; larg. 27 cent.

107 — Les Petits voleurs de bois.

Haut. 35 cent.; larg. 27 cent.

108 — Le Déjeuner du berger.

Haut. 35 cent.; larg. 27 cent.

MELIN

109 bis — Valet conduisant des chiens en chasse.

Haut. 78 cent.; larg. 1 mèt.

110 — Réduction du même sujet.

Haut. 28 cent.; larg. 42 cent.

MOLINS (DE)

111 — Chasse à courre.

Haut. 24 cent.; larg. 44 cent.

MONGODIN

112 — Pêcheur allumant sa pipe.

Haut. 21 cent.; larg. 16 cent.

NOEL (JULES)

113 — Entrée d'Hennebon.

Haut. 49 cent.; larg. 64 cent.

114 — Un intérieur de rue.

Haut. 55 cent.; larg. 40 cent.

115 — Une ville de Bretagne.

Haut. 47 cent.; larg. 62 cent.

116 — Passage d'un bac par un gros temps (Bretagne).

Haut. 47 cent.; larg. 62 cent.

OPDENHOFF

117 — Un sauvetage (côte de Hollande).

Haut. 70 cent.; larg. 96 cent.

118 — Gros temps (côte d'Angleterre).

Haut. 70 cent.; larg. 96 cent.

PÉCRUS

119 — Jeune femme debout et écrivant.

Haut. 14 cent.; larg. 11 cent.

PELLETIER

120 — Fleurs et fruits.

Haut. 53 cent.; larg. 72 cent.

121 — Corbeille de fleurs.

Haut. 68 cent.; larg. 85 cent.

PERRASSIN

122 — Mademoiselle de Saint-Roman.

Haut. 46 cent.; larg. 14 cent.

123 — L'Horoscope.

Haut. 18 cent.; larg. 14 cent.

PIGAL

124 — Pierre Corneille.

Cependant en un bouge, auprès d'un savetier,
Pied nu, le grand Corneille attendait son soulier.

(TH. GAUTHIER).

Haut. 40 cent.; larg. 32 cent.

125 — Finette.

Haut. 38 cent.; larg. 33 cent

PINELLI

126 — Le Collier de perles.

Haut. 25 cent.; larg. 18 cent.

127 — La Reine Élisabeth.

Elisabeth d'Angleterre jouant aux échecs en sa chambre privée, lorsque le comte de Foix, ambassadeur de France, lui apprend le mariage de Marie Stuart avec Darnley.

Haut. 1 mèt.; larg. 1 mèt. 40 cent.

128 — Hermann et Dorothée.

Haut. 1 mèt. 18 cent.; larg. 80 cent.

REYNAUD

129 — L'Enfant au singe.

Haut. 36 cent.; larg. 45 cent.

SAINT ÉTIENNE

130 — Paysage; baigneuses.

Haut. 21 cent.; larg. 19 cent.

SCHENCK

131 — Moutons.

Haut. 20 cent.; larg. 37 cent.

132 — Bélier et brebis.

Haut. 20 cent.; larg. 37 cent.

TASSAERT

133 — Enfant jouant avec un lapin.

Haut. 32 cent.; larg. 24 cent.

TESSON

134 — Caravane.

Haut. 30 cent.; larg. 40 cent.

135 — Café à Constantine.

Haut. 35 cent.; larg. 45 cent.

TROYON

136 — Intérieur de forge.

Haut. 31 cent.; larg. 41 cent.

TSCHAGGENY

137 — Cavalier ayant mis pied à terre à la porte d'une prison.

Haut. 18 cent.; larg. 25 cent.

VAN ELVEN

138 — Vue de Cadix.

Haut. 32 cent.; larg. 40 cent.

139 — Village près de la tour de Pignerolle.

Haut. 42 cent.; larg. 61 cent.

VERLAT

140 — Chien poursuivant un renard.

Haut. 27 cent.; larg. 35 cent.

141 — Chien en arrêt.

Haut. 27 cent.; larg. 35 cent.

VERSCHUUR

142 — Cheval, chien et jockey dans une écurie.

Haut. 16 cent.; larg. 20 cent.

VEYRASSAT

143 — L'Arrêt à la ferme.

Haut. 29 cent.; larg. 40 cent.

VOILLEMOT

144 — Le Printemps.

Haut. 2 mèt. 40 cent.; larg. 1 mèt. 40 cent.

145 — Le Zéphyr.

Haut. 1 mèt. 64 cent.; larg. 1 mèt. 25 cent.

146 — La Brouille.

Haut. 91 cent.; larg. 72 cent

147 — Diane chasseresse.

Haut. 91 cent.; larg. 72 cent.

148 — Cupidon.

Haut. 55 cent.; larg. 45 cent.

149 — Le Triomphe de Bacchus; bacchanale d'enfants.

Haut. 72 cent.; larg. 1 mèt.

VOLLON

150 — Fleurs dans un vase.

Haut. 45 cent.; larg. 37 cent.

WATTIER

151 — Une Idylle.

Haut.   cent.; larg.   cent.

152 — Louis XV soupant avec Madame Dubarry, dans les petits appartements de Versailles.

Mémoires du duc de Richelieu.

Haut.   cent.; larg.   cent.

ZIEM

153 — Jardins de Venise.

Haut. 60 cent.; larg. 93 cent.

DESSINS

BARON

154 — L'amour interrogé.

Aquarelle.

CICERI (Eugéne)

155 — Paysage ; effet du soir.

Aquarelle.

156 — Habitation de paysans.

Aquarelle.

157 — Bords d'une rivière ; effet du soir.

Aquarelle.

DAVID (Gustave)

158 — Petit chien hargneux.

Aquarelle.

159 — Le Déjeuner; scène bretonne.

Aquarelle.

160 — La Leçon de musique.

Dessin.

DELACROIX (Eugène)

161 — Croquis d'après un ancien maître.

Dessin à la plume.

DUMAX

162 — Vue de Marcoussis.

Dessin.

163 — Vue prise à la Bourg-Archia.

Dessin rehaussé.

FORT (Th.)

164 — Intérieur d'écurie.

Aquarelle.

165 — Souvenir du camp de Vincennes.

Aquarelle.

166 — Un hussard à cheval.

Aquarelle.

167 — Dragon galoppant.

Aquarelle.

LAMI (Eug.)

168 — Dix croquis.

Aquarelles et Dessins.

LEBAS

169 — Dix vues diverses.

Dix Aquarelles.

MAROHN

170 — La petite marchande.

Aquarelle.

171 — La Petite bouquetière.

Aquarelle.

S. A. I. la princesse MATHILDE

172 — Tête d'Italienne.

Aquarelle.

PIGAL

173 — La Soupe.

Aquarelle.

174 — La Besogne.

Aquarelle.

TESSON

175 — Les Bords de Marne.

Aquarelle.

176 — Chaumière normande.

Aquare

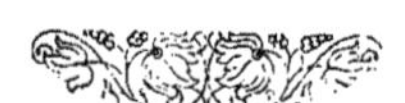

9 782329 520001